0

cero

нуль
nul

10

diez

десять
desiat

20

veinte

двадцять
dvadtsiat

30

treinta

тридцять
trydtsiat

40

cuarenta

сорок
sorok

50

cincuenta

п'ятдесят.
p'iatdesiat.

60

sesenta

шістдесят
shistdesiat

70

setenta

сімдесят
simdesiat

80

ochenta

вісімдесят

visimdesiat

90

noventa

дев'яносто

dev'ianosto

100

cien

сто

sto

1000

mil

одна тисяча

odna tysiacha

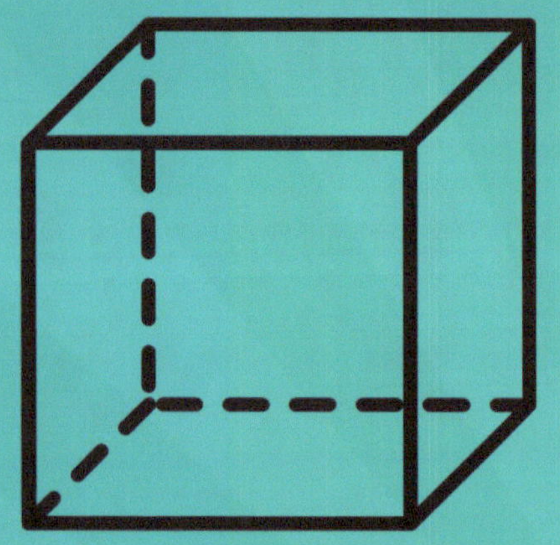

cubo

куб
kub

bloque de juguete

блок
blok

cubo de hielo

кубик льоду
kubyk lodu

caramelo

карамель
karamel

azúcar

цукор

tsukor

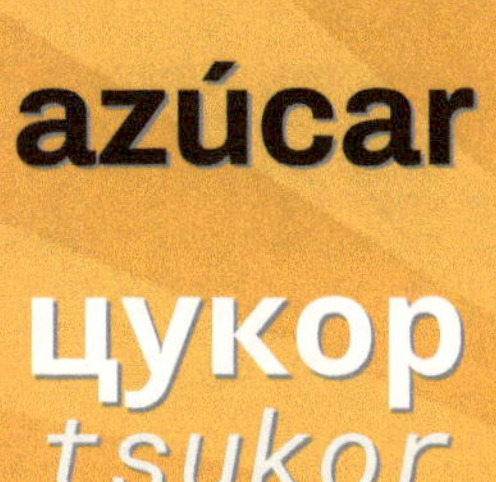

dados

гральні кості

hralni kosti

caja de regalo

подарункова коробка

podarunkova korobka

caja de cartón

картонна коробка

kartonna korobka

esfera

сфера
sfera

cuchara para helado

ложка для морозива
lozhka dlia morozyva

perla

перлина
perlyna

burbuja

бульбашка
bulbashka

canicas

кульки
kulky

planeta

планета
planeta

bola de nieve

сніжок
snizhok

pelota de tenis

тенісний м'яч
tenisnyi m'iach

cilindro

цилиндр
tsylindr

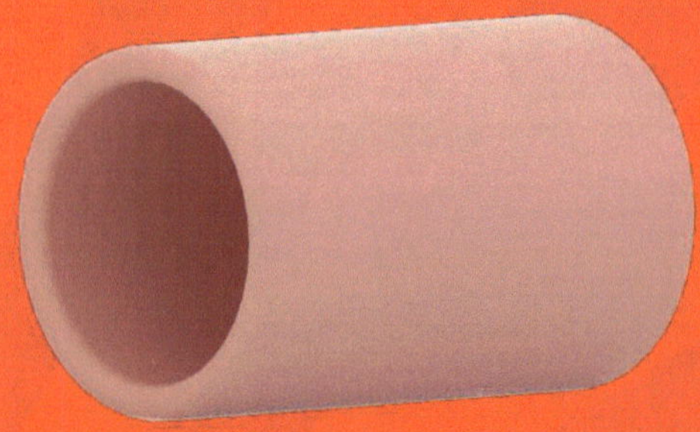

tubo

трубка
trubka

baterías

батарейки
batareiky

carrete de hilo

котушка ниток
kotushka nytok

canela

кориця
korytsia

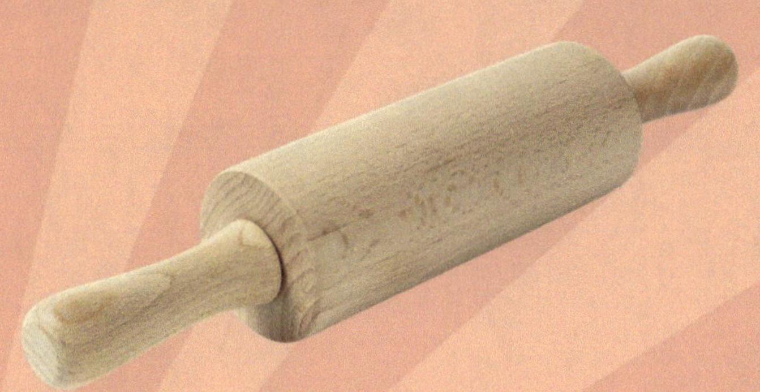

rodillo

качалка
kachalka

salchicha

ковбаса
kovbasa

paca de heno

тюк сіна
tiuk sina

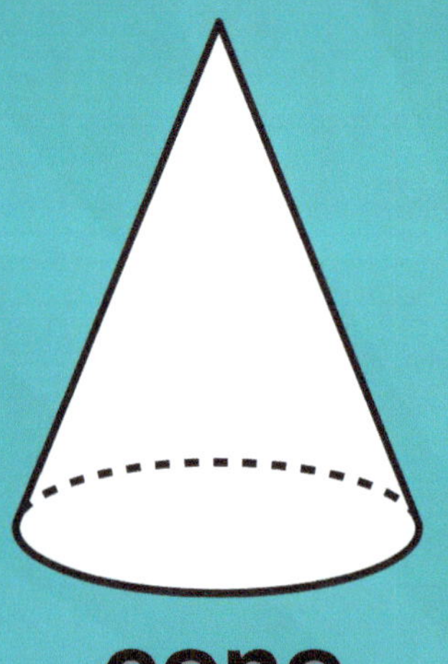

cono

конус

konus

cono de tráfico

дорожній конус

dorozhnii konus

cono de helado

ріжок морозива

rizhok morozyva

sombrero de bruja

капелюх відьми

kapeliukh vidmy

mazmorra

підземелля
pidzemellia

abeto

ялинка
ialynka

sombrero de fiesta

капелюх для вечірки
kapeliukh dlia vechirky

caracol

равлик
ravlyk

mora

ожина

ozhyna

grosella

смородина

smorodyna

clementina

клементин

klementyn

durián

дуріан
durian

fruta del dragón

пітая
pitaia

yaca

джекфрут
dzhekfrut

carambola

карамболь
karambol

espárragos

спаржа
sparzha

rábano

редиска
redyska

frijol rojo

червона квасоля
chervona kvasolia

nabo

ріпа
ripa

mandioca

маніок
maniok

ñame

Коренеплоди батату
Koreneplody batatu

garbanzos

нут
nut

águila

орел

orel

murciélago

летюча миша

letiucha mysha

castor

бобер

bober

flamenco

фламінго

flaminho

cuervo

ворон

voron

mirlo

дрізд

drizd

herrerillo azul

синиця блакитна

synytsia blakytna

urraca

сорока

soroka

golondrina

ластівка
lastivka

alondra

жайворонок
zhaivoronok

periquito

папуга
papuha

pájaro carpintero

дятел
diatel

pavo real

павич
pavych

loro

папуга
papuha

tucán

тукан
tukan

cigüeña

лелека
leleka

coral marino

корал
koral

anémona de mar

морська анемона
morska anemona

erizo de mar

морський їжак
morskyi izhak

caballito de mar

морський коник
morskyi konyk

pez payaso

риба-клоун

ryba-kloun

pez dorado

золота рибка

zolota rybka

cangrejo

краб

krab

cangrejo ermitaño

рак-самітник

rak-samitnyk

delfín

дельфін
delfin

narval

нарвал
narval

pulpo

восьминіг
vosmynih

calamar

кальмар
kalmar

tiburón ballena

китова акула

kytova akula

orca

косатка

kosatka

ballena azul

синій кит

synii kyt

ballena beluga

білуха

bilukha

tiburón martillo

акула-молот

akula-molot

tiburón blanco

біла акула

bila akula

tiburón limón

лимонна акула

lymonna akula

tiburón tigre

тигрова акула

tyhrova akula

saltamontes

коник
konyk

oruga

гусениця
husenytsia

escorpión

скорпіон
skorpion

lagarto

ящірка
iashchirka

dinosaurios

динозаври
dynozavry

pelo negro

чорне волосся

chorne volossia

pelirrojo

руде волосся

rude volossia

pelo castaño

каштанове волосся

kashtanove volossia

pelo rubio

світле волосся

svitle volossia

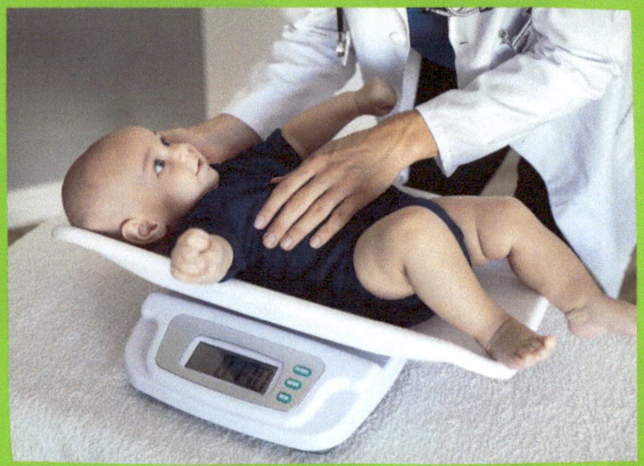

báscula

ваги
vahy

hospital

лікарня
likarnia

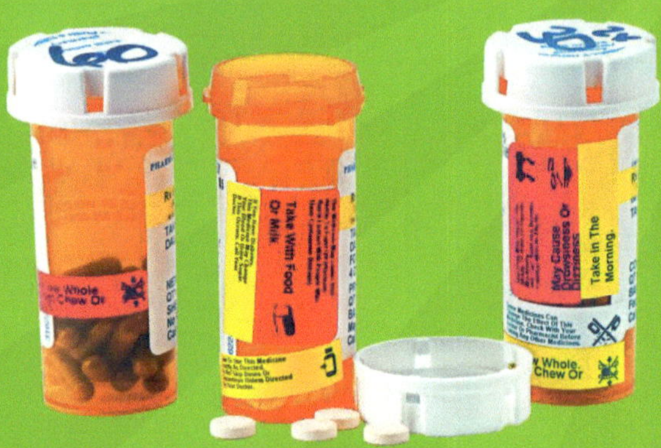

medicina

ліки
liky

termómetro

термометр
termometr

vendaje

пластир
plastyr

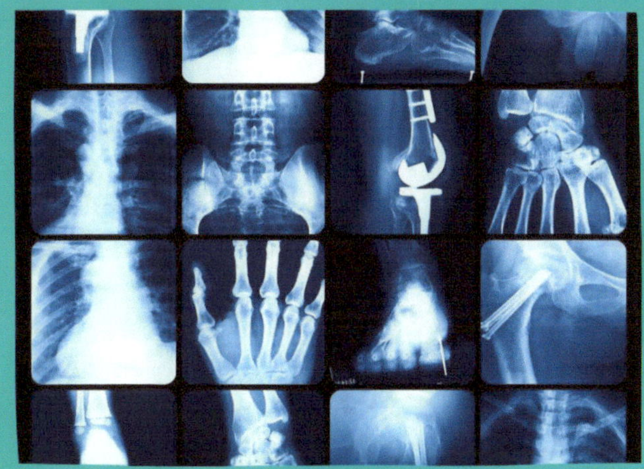

radiografía

рентген
renthen

doctor

лікар
likar

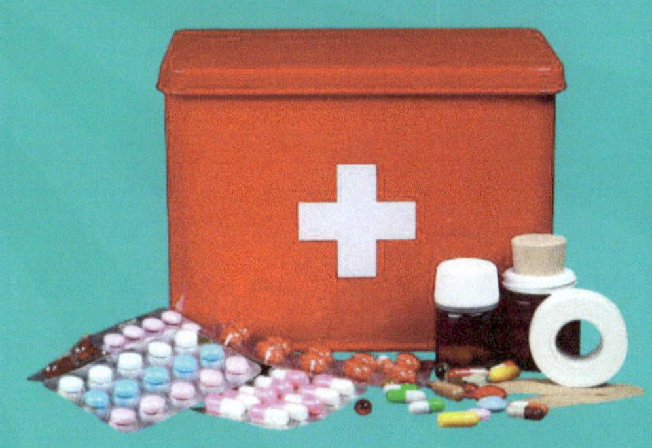

kit de primeros auxilios

аптечка першої допомоги
aptechka pershoi dopomohy

jugar

грати
hraty

dibujar

малювати
maliuvaty

contar

рахувати
rakhuvaty

escribir

писати
pysaty

baile

танці
tantsi

natación

плавання
plavannia

esquí

лижний спорт

lyzhnyi sport

baloncesto

баскетбол
basketbol

tenis

теніс
tenis

ping pong

настільний теніс
nastilnyi tenis

fútbol

футбол
futbol

equitación

верхова їзда
verkhova izda

hockey sobre hielo

хокей
khokei

judo

дзюдо
dziudo

boxeo

бокс
boks

carrera

біг
bih

béisbol

бейсбол
beisbol

grillo

крикет
kryket

rugby

регбі
rehbi

voleibol

волейбол
voleibol

maracas

маракаси

marakasy

pandereta

тамбурин

tamburyn

xilófono

ксилофон

ksylofon

violín

скрипка
skrypka

piano

фортепіано
fortepiano

guitarra

гітара
hitara

violonchelo

віолончель
violonchel

arpa

арфа
arfa

tambor

барабан
baraban

djembé

джембе
dzhembe

batería

ударна установка

udarna ustanovka

trompeta

труба
truba

trompa

ріг
rih

saxofón

саксофон
saksofon

flauta

флейта
fleita

auriculares

навушники
navushnyky

cantar

співати
spivaty

partitura

ноти
noty

micrófono

мікрофон
mikrofon